AF314327

Edicts de creation des

CLERCS COMMISSAIRES

& Controolleurs des Huictiesme, Vingtiesme, & autres droits d'Aydes: ensemble les Arrests du Conseil d'Estat de sa Majesté, pour la vente en heredité desdits Offices, auec la Commission pour cet effect.

A PARIS,

Par FED. MOREL, & P. METTAYER, Imprimeurs ordinaires du Roy.

M. DCXXI.

Auec Priuilege de sa Maiesté.

EDICT DV ROY, PORTANT
creation de quatre Clercs Commiſſaires du Huictieſme en la ville de Paris.

RANCOIS par la grace de Dieu Roy de France: Sçauoir faiſons à tous preſens & à venir. Comme par cy deuãt y ayt touſiours eu, & y a en chacun des quatre quartiers de noſtre ville de Paris: c'eſt à ſçauoir és Halles, Greue, en la Cité & Petit-põt, quatre Clercs & Commis pour veoir, viſiter, inuentorier, enregiſtrer, royſner, marquer, & certifier les Vins vendus en detail és tauernes & hoſtelleries, pour la conſeruation de nos droits de Huitieſme, & obuier aux fraudes & abus que lon y euſt peu & pourroit cõmettre, à noſtre preiudice & bien du public: Auſquels regiſtres & inuentaires lon a eu touſiours foy & recours pour la verification de nos droits & des differéts qui ont eſté entre nos Fermiers de noſdits droits, & les Tauerniers & Hoſtelliers, Marchãds & autres, vendans & faiſans vendre Vin: Et à iceux Cõmis & Clercs a eſté par cy deuant pourueu par cõmiſſion

seulement de nos amez & feaux les Generaux sur le faict de la Iustice de nos Aydes,
de nos Esleuz, Preuost des Marchands &
Escheuins de nostredite ville, depuis que
iceux Preuost des Marchands & Escheuins
ont acquis de nous le Huictiesme à rachapt
perpetuel, aux gages accoustumez qui leur
ont tousiours esté payez par les Fermiers dudit Huictiesme,& autres droits,profits,reue-
nus,& esmolumens qui y appartiennent: &
pour la varieté desdites prouisions par commission, plusieurs differents se sont meuz à
la diminutiõ de nosdits droits. Pour à quoy
obuier à l'aduenir, & à ce que plus certaine-
ment & sans fraude & abus nosdits droits
soient cõseruez: est tres-requis & necessaire
que ceux qui exercent,& exercerõt lesdites
commissions, ayent serment à nous, & que
icelles cõmissions soient perpetuelles: Pour
ce est-il,que nous ce consideré pour les causes dessusdites & autres à ce nous mouuans.
Auons par aduis de nostre Conseil Priué,
creé,erigé & estably,creons,erigeõs & esta-
blissons de nostre certaine science, pleine
puissãce & auctorité Royale, par Edict perpetuel & irreuocable lesdits quatre Cõmis-
saires en chef & tiltre d'offices formez es-

dits quatre quartiers de noſtredite ville de
Paris : C'eſt à ſçauoir és Halles, Greue, la
Cité, & Petit-pont : & ſintitulerõt ceux qui
ſeront par nous pourueuz, Clercs, Commiſſaires du Huictieſme, pour bien & fidelement veoir, viſiter, inuentorier, enregiſtrer,
royſner, marquer & certifier les vins vendus
en detail és tauernes & hoſtelleries: duquel
Inuentaire, Regiſtre, & certification ils bail-
leront vn double ou copie aux vendeurs ou
faiſans vendre leſdits vins ſils le veulent &
requierent, ſelon & ainſi que leſdits Cõmis
& Clercs ont faict par cy deuant. Et pour
l'effect deſſuſdit, irõt leſdits Clercs & Commiſſaires és maiſons, caues & celiers des Tauerniers & Hoſteliers & autres vendans ou
qui feront vendre Vin en detail & tauerne.
Et où l'entree leur ſera refuſee en feront
faire ouuerture par ſerruriers appellez deux
notables perſonnes voyſins des lieux où ſera
faict ledit refus, leſquels Regiſtres & Inuentaires leſdits Commiſſaires & Clercs retien-
dront & garderont pardeuers eux pour y a-
uoir recours quand beſoin ſera pour la verification de noſdits droits du Huictieſme &
des differents ſur ce meuz & à mouuoir.
Leſquels Cõmiſſaires & Clercs preſteront

serment de bien fidelement & loyaument
exercer leurſdits Eſtats & Offices, & faire
leſdits regiſtres, inuétaires & certifications,
eſquels Eſtats & Offices, ſera par nous pourueu cy apres de perſonnages à ce ſuffiſans &
experimentez aux gages, droits, profits & eſ-
molumens accouſtumez, & qui y appartiennent, pareils & ſemblables qu'ont ceux qui
par cy deuant y ont eſté mis par cõmiſſiõs,
leſquels toutesfois oſtons & deboutons d'i-
ceux Eſtats & Offices , & les Commiſſions,
Inſtitutiõs, & autres prouiſions qu'ils en ont
eu & ont d'autres que de nous, reuoquons,
adnullons , & aboliſſons, ſans que doreſnau-
uant il leur ſoit loiſible ny à autres d'y pouruoir en quelque maniere que ce ſoit.

Sɪ donnons en mandement par ces preſentes à noſdits Generaux ſur le faiɕ de la
Iuſtice de noſdits Aydes, Eſleuz en noſtredite ville de Paris, ou leurs Lieutenans ou
Cõmis & Preuoſt des Marchands & Eſcheuins de noſtredite ville, que noſtre preſent
Ediɕ d'Erection & eſtabliſſement ils facent
lire, publier & enregiſtrer en leurs Cours &
& Iuriſdiɕions, entretiennent, gardent, &
obſeruẽt, facent entretenir, garder & obſer-
uer ſelon leur forme & teneur, & du cõtenu

cy deſſus ioüir ceux qui ſerõt par nous pourueuz deſdits Eſtats & Offices & leurs ſucceſſeurs, plenement, paiſiblement, & per-
petuellement, ceſſans & faiſans ceſſer tous
troubles & empeſchemens au contraire. Et
à faire payer auſdits Commiſſaires & Clercs
leurſdits gages, droits & reuenus, ils contrai-
gnent & facent cõtraindre leſdits Fermiers
dudit Huictieſme & autres qu'il appartiendra par toutes voyes de contrainte deües &
raiſonnables : Nonobſtant oppoſitions ou
appellations quelſconques: pour leſquelles
ne voulõs eſtre differé. Car ainſi nous plaiſt
il eſtre faict, nonobſtant quelſconques Ordonnances, reſtrinctions, mandemens, &
defenſes à ce contraires. Et afin que ce ſoit
choſe ferme & ſtable à touſiours nous auõs
faict mettre noſtre ſcel à ceſdites preſentes,
ſauf en autres choſes noſtre droit & l'autruy
en toutes. Donné à Eureux au mois d'Auril
l'an de grace, mil cinq cens quarante trois,
auant Paſques. Et de noſtre regne le tren-
tieſme. Signé ſur le reply, Par le Roy en
ſon Conſeil, DE L'AVBESPINE. Et
ſcellees en lacs de ſoye de cire verte du
grand ſcel, & au deſſus Viſa. Et ſur ledit reply eſt eſcrit,

Leües & enregistrees en la Cour des Aydes à Paris, de l'exprés commandement & Iußion du Roy: à la charge que ceux qui serõt pourueux desdits Estats & Offices, seront tenus de faire residence & d'exercer actuellemẽt en personne lesdits Estats & Offices, ensemble diligemment de faire au vray bons Papiers & Registres des vins & vuidanges vendus en detail és tauernes desdits quartiers, selon & ainsi qu'ont accoustumé faire les Clercs & Commißaires à ce commis : le 16. iour de May, l'an mil cinq cens quarante quatre.　　Signé,　PONCET.

EDICT DE CREATION D'VN
Clerc commis pour prendre garde & enregistrer les venues & descentes, tant par eau que par terre, des Vins vendus en gros en la Ville & Faulxbourgs de Paris.

ENRY par la grace de Dieu Roy de France : Sçauoir faisons à tous presens & à venir, comme dés l'an mil cinq cens quarante trois, feu nostre treshonoré Seigneur & pere (que Dieu absolue) pour aucunes bonnes & iustes causes & considerations à ce nous mouuãs, bien,&
conser-

conseruation de nos droicts d'impofition du
Vingtiefme que prenons fur toutes les marchandifes qui viennent & affluent tant par
eaüe que par terre en noftre Ville & Faulxbourgs de Paris, proffit & vtilité de la chofe
publique, Auffi pour éuiter aux fraudes &
abus qui fe pourroient commettre par chacun iour par les Fermiers des groffes fermes
de noftredite ville de Paris : C'eft à fçauoir,
des fermes de poiflon de Mer, Bufche,
Pied-fourché, Doüanes, Vins & Draps
vendus en gros en ladite Ville, & autres
groffes fermes d'icelle, euft voulu & ordonné qu'en chacune defdites fermes au
lieu des Clercs qui eftoient par commiffion
de nos amez & feaux les Generaux de la
Iuftice de nos Aydes, de nos Efleuz audit
Paris, Preuoft des Marchands & Efcheuins
de ladite Ville, Comme pour veoir, vifiter,
inuentorier & enregiftrer toutes & chacu-
nes les venues & defcentes, tant par eaüe
que par terre des marchandifes vendues en
gros en ladite Ville & Faulxbourgs de Paris,
fuft en chacune d'icelles par nous pourueu
de perfonnages refleans & capables qui
prendroient nos Lettres defdits Offices, &
auroient le ferment à nous & à Iuftice : Ce

que toutesfois il n'auroit encores esté faict
en ladite ferme de Vins vendus en gros en
ladite Ville & Faulxbourgs de Paris, ains
auroit ladite Commission depuis ladite annee 1543. esté exercee par commission desdits Generaux de la Iustice de nos Aydes &
Esleuz, Preuost des Marchands & Escheuins de ladite Ville, au contemnement desdites Ordonnances de feu nostredit sieur
& Pere. Suiuãt lesquelles, tant pour la conseruation de nos droicts de ladite impositiõ
du Vingtiesme, proffit & vtilité de la chose
publique, que pour éuiter aux fraudes,
abus, & maluersations qui se peuuent chacun iour commettre par les Fermiers de ladite ferme de Vins vendus en gros en ladite
ville & Faulxbourgs de Paris, Auons aduisé
pouruecoir en ladite Commission de ladicte
ferme de personnage suffisant & capable
qui ait le serment à nous. Sçauoir faisons,
que nous pour ces causes, & apres auoir
eu sur ce l'aduis & deliberation des gens de
nostre Conseil Priué, Auons par Edict perpetuel & irreuocable ladite Commission de
Clercs commis pour prendre garde & enregistrer les venues & descentes, tant par
eaüe que par terre, des Vins vendus en gros

en noſtredite ville & faulxbourgs de Paris,
qui par cy deuant a eſté exercee par commiſſion & prouiſion de noſdits Conſeillers,
les Generaux ſur le faict de la Iuſtice de nos
Aydes, de nos Eſleuz, Preuoſt des Marchands & Eſcheuins de noſtredite ville de
Paris, creé, erigé & eſtably, creõs, erigeons
& eſtabliſſons en chef & tiltre d'office formé, & iceluy auons donné & octroyé, donnons & octroyons par ces preſentes à noſtre
cher & bien amé, Pierre Baſſereau, pour le
bon rapport qui faict nous a eſté de ſa perſonne, & de ſes ſens, ſuffiſãce, loyauté, preu-
d'hommie, experience & bonne diligence,
pour l'auoir, tenir, & d'oreſnauant exercer
par luy, & vacation aduenant par mort, re-
ſignation, ou autrement, par ceux qui en
ſeront apres luy par nous & nos ſucceſſeurs
pourueuz, aux honneurs, auctoritez, prerogatiues, preeminences, franchiſes, libertez,
gages, droicts, proffits, reuenus & eſmolu-
mens accouſtumez, & tels & ſemblables
que les ont euz, prins, & perceuz, ceux qui
ont cy deuant exercé ledit Eſtat & Office,
par commiſſion & prouiſion deſdits Gene-
rtux, ſur le faict de la Iuſtice de nos Aydes,
de nos Eſleuz, Preuoſt des Marchands &

Escheuins de nostredite ville de Paris, tant
qu'il nous plaira. Lequel Bassereau & ses
successeurs s'intitulera Clerc & cõmis, pour
prendre garde & enregistrer les venuës &
descentes, tant par eaüe que par terre, des
Vins vendus en gros en nostredite Ville &
Faulxbourgs de Paris : Lequel fidelemene
verra, visitera, inuentoriera, enregistrera, &
certifiera lesdites venuës & descentes, tant
par eaüe que par terre, desdits Vins vendus
en gros, dont il fera bon & loyal inuentaire,
registre, visitation & certification, duquel
il baillera vn double ou copie aux marchãds
vendans, descendans, ou qui feront vendre
& descendre lesdits Vins, chacun en son regard, & entant que ce luy touche, ou que
toucher luy pourra, si auoir le veulent &
requierent, le tout selon & ainsi que les
Clercs & Commis qui ont cy-deuant eu ladite Commission, ont par cy-deuant faict.
Et pour l'effect dessusdit, ira ledit Clerc &
Commissaire & ses successeurs audit office,
és lieux où ont accoustumé estre vendus,
arriuez & descendus lesdits Vins, & és mai-
sons des Marchãds & autres lieux, où iceux
Marchands mettent leursdits Vins: & où
l'entree d'iceux lieux où il sçaura estre mis

lesdits Vins luy sera refusee, en sera faite
ouuerture par Serruriers, appellez deux notables personnes, voisins des lieux où sera
faict ledit refus: & nommeront lesdits Marchands amenans, descendans, ou faisant
descendre lesdits Vins tant par eaüe que par
terre, le nombre & quantité d'iceux audit
Clerc & Commissaire, chacun en son regard, dont ledit Clerc & Commissaire sera
registres & inuétaires, comme dict est, qu'il
retiendra & gardera pardeuers luy, pour y
auoir recours quand besoin sera pour la verification de nos droicts d'imposition du
Vingtiesme, & des differends meuz & à
mouuoir. SI donnons en mandement par
ces presentes à nos amez & feaux les Generaux sur le faict de la Iustice de nos Aydes
à Paris, Esleuz en nostredite Ville, leurs
Lieutenans & Commis, Preuost des Marchands & Escheuins de nostredite ville de
Paris, & autres ayant droict de nous à rachapt perpetuel, de prendre nosdits droicts
d'imposition de Vingtiesme, & à tous nos
autres Iusticiers & Officiers qu'il appartiendra, que nos presens Edict de creation &
erection ils entretiennent, gardent & obser-
uent, facent entretenir, garder & obseruer,

lire, publier & enregiſtrer és regiſtres de
leurs Cours & Iuriſdictions. Et apres auoir
prins par l'vn d'eux dudit Baſſereru le ſerment en tel cas requis & accouſtumé, iceluy
mettent & inſtituét ou facent mettre & in-
ſtituer de par nous en poſſeſſion & ſaiſine
dudit office. Et d'iceluy, enſemble des honneurs, auctoritez, prerogatiues, preeminences, franchiſes, libertez, gages, droicts, proffits, reuenus & emolumens deſſuſdits, le facent, ſouffrent & laiſſent d'oreſnauant ioüir
& vſer pleinement & paiſiblement, & à luy
obeyr & entédre de tous ceux, & ainſi qu'il
appartiendra, és choſes touchant & concer-
nant ledit Office. Oſte & deboute d'iceluy
tout autre illicite detempteur, qui pourroit
par eux auoir eſté commis & inſtitué en la
Commiſſion & exercice d'iceluy, en le con-
traignant, & tous autres qu'il'appartiendra,
à ce faire & ſouffrir par toutes voyes & ma-
nieres deües & raiſonnables. Et outre luy
facent par les Fermiers de ladite ferme de
Vins vendus en gros en noſtredite ville de
Páris, bailler & deliurer d'oreſnauant par
chacun an aux termes & en la maniere
accouſtumee, les gages, droicts, proffits, reuenus & emolumens accouſtumez, & tels

& semblables que les ont cy deuant prins &
perceuz les Clercs & Commis à l'exercice
& Commiſſion dudit Office. Le tout nonobſtant oppoſitions ou appellations quelsconques, & ſans preiudice d'icelles, Pour
leſquelles ne voulons les reception, inſtitu-
tion, poſſeſſió & ioüiſſance dudit Baſſereau
audit Office eſtre differee. Càr tel eſt noſtre
plaiſir. Nonobſtant leſdites Commiſſions
qui pourroient auoir eſté par eux octroyees
à ceux qui ont cydeuant exercé ledit Office.
Leſquelles comme faictes contre & au preiudice de noſdites Ordonnances, Nous
auons reuoquees, caſſees, & annullees, & de
nos certaine ſcience & auctorité Royale,
reuoquons, caſſons & annullons par ceſdites preſentes. Auſquelles, afin que ce ſoit
choſe ferme & ſtable à touſiours. Nous a-
uons faict mettre noſtre ſeel, ſauf en autres
choſes noſtre droict & l'autruy en toutes.

Donné à Fontainebleau au mois de Decembre, l'an de grace mil cinq cens quarante ſept. Et de noſtre regne le premier.
Et ſur le reply eſt eſcrit ce qui s'enſuit, Par
le Roy, M. François de Conan Maiſtre des
Requeſtes de l'Hoſtel, preſent.

Signé,　　　DE L'AVBESPINE.

*Lecta, publicata, & registrata in Curia
Iuuaminum, audito & requirente Procura-
tore generali Regio in eadem curia, sub mo-
dificationibus tamen in registris dictæ Curiæ
contentis, die vicesima prima mensis Martij,
anno Domini millesimo quingentesimo qua-
dragesimo septimo, Signé, LE SVEVR,*

Et encores signees,
CONTENTOR DE MOVLINET.
Et seellees sur lacqs de soye de cire verte.

EDICT DV ROY TOVCHANT
*la Creation d'vn Clerc & Commissaire du hui-
ctiesme en chasque ville & faulxbourgs de ce
Royaume, où il n'y a encores esté pourueu, aux
conditions y contenuës.*

ENRY par la grace de DIEV
Roy de France & de Polongne,
à tous presens & à venir, salut.
Comme feu nostre tres-honoré Seigneur & ayeul le Roy
François, premier du nom, que Dieu absolue, par son Edict du moys d'Auril 1543,
verifié

verifié en noftre Cour des Aydes à Paris,
voulant pouruoir à la conferuatiõ du droict
du Huictiefme, & obuier aux abus & mal-
uerfations qui fe peuuent commettre au
preiudice & diminution defdits droicts, ayt
creé & erigé en noftre bonne ville de Paris,
en chef & tiltre d'offices formés, quatre
Clercs & Commiffaires dudit Huictiefme,
qui auparauant n'eftoient exercez que par
commiffion, pour bien & fidelement veoir,
vifiter, inuentorier, enregiftrer, roiner, marquer, & certifier, les vins vendus en deftail,
és tauernes & hoftelleries de ladite ville,
fuyuant lequel Edict auroit déflors efté
pourueu efdits offices, dont on auroit beaucoup augmenté lefdits droicts de Huictiefme, & en peu de temps apperceu le grand
bien, profit, & commodité, qu'auroit appor-
té l'erection defdits Offices, à l'exemple
defquels nous y aurions auffi depuis noftre
aduenement à la Couronne, pourueu en
aucunes des villes de ce Royaume, & fpe-
cialement és villes de Tours, Bloys, & Orleans. Et d'autant que nous auons aduifé
eftre tref-neceffaire, pour la conferuation
fufdite, faire le femblable és villes de noftre
Royaume, où il n'y a efté encores pourueu:

Sçauoir faifons, que pour les mefmes caufes & confiderations qui ont cy deuant meu
noftredit feu Sieur & Ayeul, & nous, de
creer lefdits quatre offices de Clercs & Cō-
miffaires en noftredicte ville de Paris : en-
femble ceux defdites villes de Tours, Blois,
& Orleãs, & autres villes, à l'inftar defquels
y a femblablement efté pourueu. Et apres
auoir mis cet affaire en deliberation en noftre Confeil, de l'aduis d'iceluy, Auons par
ceftuy noftre Edict perpetuel & irreuocable, creé & erigé, & de noftre certaine
fciēce, pleine puiffance & auctorité Royale,
creons & erigeons en chef & tiltre d'office
formé en chacune defdites villes & faulxbourgs de ceftuy noftre Royaume (où n'y
a encores efté pourueu) vn Clerc & Com-
miffaire du Huictiefme : pour y eftre dés à
prefent par nous pourueu, & quand vacation y efcherra, de perfonnes capables, pour
les tenir & exercer aux mefmes honneurs,
auctoritez, gaiges, droicts, profits, reuenus,
& émolumens tels & femblables que les
ont & prennent ceux de noftredicte ville
de Paris, Tours, Blois, Orleans, les Vidimus
des Edicts de creation defquels collationnez à leurs originaux font cy, foubs le con-

tre-seel de nostre Chancellerie attachez.
S i donnons en mandement à nos amez &
feaux les gens tenás nostre Cour des Aydesà
Paris, que cestuy nostre present Edict de
creation & erection, ils facent lire, publier,
& enregistrer, & iceluy inuiolablemét garder & obseruer, iouyr & vser ceux qui seront par nous pourueuz desdits Offices des
droicts, gages, & profits susdits, pleinement
& paisiblement, cessans & faisans cesser tous
troubles & empeschemens contraires. Car
tel est nostre plaisir. Et afin que ce soit chose
ferme & stable à tousiours, nous auons fait
mettre nostre seel à cesdites presentes.

Donné à Paris au mois de Decembre, l'an
de grace mil cinq cens quatre vingts vn, &
de nostre regne le huictiesme. Et signees
sur le reply, par le R oy, estant en son Conseil. B rvlart. Et seellees de cire verte,
sur laqs de soye rouge & verte. Et à costé est
escrit. V isa. Et aupres est aussi escrit.

Enregistré en la Cour des Aydes à Paris, ouy & ce
consentant le Procureur general du Roy, du tres-ex-
pres commandement dudict Seigneur, plusieurs fois
reiteré, aux charges contenues en l' Arrest donné en
icelle, ce iourd'huy cinquiesme iour d' Aoust, mil cinq
cens quatre vingts trois. Signé Poncet.

LETTRES DE DECLARA-
tion & Iuſsion ſur ledit Edict.

HENRY par la grace de Dieu Roy de France & de Pologne, à nos amez & feaux les gens tenans noſtre Cour des Aydes à Paris, Salut. N'ayant cy deuant en noſtre Conſeil eſté trouué meilleur moyen pour nous deſcharger de tant d'importunitez qui nous ſont faictes chacun iour par les fermiers & adiudicataires de nos fermes du Huictieſme du Vin, afin d'auoir moderatiõ du prix de leurſdites fermes leſquelles ils remportent & obtiennent le plus ſouuent de nous ſoubs quelques faux pretextes & conſiderations feintes, à la grande diminution de noſdites fermes : meſmes pour oſter les abus, & faire ceſſer les querelles & procés qui ſe voyent accroiſtre, à cauſe des maluerſations & monopoles qui ſe commettent ordinairement par l'intelligence que leſdits fermiers, leurs Clercs & Cõmis ont enſemble, nous aurions par noſtre Edit du mois de   creé & eſtably en tiltre d'office leſdits Clercs & Cõmiſſaires, qui auront ſerment à nous, à l'inſtar de ceux de nos bonnes villes de Paris, Orleans,

Blois, Tours, & plufieurs autres, où nous a-
uons cy-deuant pourueu audit tiltre, pour
faire & tenir pour nous bons & fidels regi-
ftres de tout le vin qui fera vendu & debité
és villes & bourgs où ils feront pourueuz &
eftablis: aufquels nos officiers & autres puiffent auoir recours à l'aduenir, & par le moyé
defquels l'on puiffe cognoiftre au vray, où
& quand il efcherra lieu de moderation,
& de regler cy apres pour les baux qui fe feront defdites fermes. A la verification duquel noftredit Edict, bien qu'il ne s'y foit
trouué aucune difficulté, & que n'en de-
uiez encores non plus faire qu'és autres, que
vous auez particulierement verifiez, pour
les fufdites villes lefquels ne nous ont tour-
né à telle commodité & vtilité, que ce-
ftuy-cy, que nous auons affecté en nos
preffez & vrgens affaires : ce neantmoins
vous l'auriez iufques icy referué & retardé.
Et d'autant que vous vous eftes arresté, &
que pourrez encore former difficulté fur
ce que par noftre Edict, il eft expreffement
porté qu'il fera par nous pourueu efdits
Offices en toutes les villes, bourgs & bourgades de ceftuy noftre Royaume indiffe-
remment, fans exception de ceux où ladite

ferme feroit de fi petite valeur qu'elle ne pourroit porter l'entretenement defdits Commiffaires : & auffi que par iceluy nous n'auons fait aucune difference de gages d'entre les petits aux grands, qui ne peuuent & ne doyuent eftre égaux : Nous apres en auoir en noftre Confeil meurement deliberé, & en interpretant noftredit Edict, de l'aduis d'iceluy y auons fait & faifons les modifications & reftrinctions qui enfuiuent : A fçauoir, qu'il ne fera pourueu efdits Offices, qu'és lieux où ladite ferme fe trouuera monter par communes annees à la fomme de quatre cens liures, & non au deffous : les gages defquels nous auons dés à prefent reduits & moderez à cinquäte liures, qui fe payeront ainfi de la mefme nature de deniers, qu'il fe fait és autres villes, où il y en a de prefent. Et pour le regard des lieux où elle fe trouuera monter auffi par communes annees iufques à la fomme de mil liures, & au deffus, Nous voulons qu'ils foient & demeurent à l'inftar de noftredite ville de Paris, felõ qu'il eft porté par noftredit Edit. A ces caufes, & qu'il eft affez notoire que ledit Edict, comme l'auez defia cognëu & fongé, eft au foulagement de nos

subiects, biē, & conseruatiō de nos droicts,
mesmes que de tout temps les adiudicataires desdites fermes y ont entretenu, comme ils font encores, lesdits Clercs & Commissaires à gages, sans aucune diminution
des baux d'icelles, n'ayans d'ailleurs aucun
moyen de remplacer les deniers qui en doiuent prouenir, dont nous auons fait estat.
Vous mandons, ordonnons, & tres-expressement enioignons par ces presentes, que
vous prendrez pour derniere & finale Iussion,& sans qu'il soit besoin d'autre plus ex-
pres commandement de nous, que toutes
difficultez, formalitez & affaires cessans,
vous ayez incontinent & sans delay, à proceder à l'entiere publication & verification
d'iceluy nostre Edict, selon sa forme & teneur, sans y faire autres modifications ne
restrinctions, que contenues en cesdites
presentes:nonobstant ce que vous pourriez
auoir ordonné au contraire, les causes qui
vous y pourroient mouuoir, & quelsconques remonstrances que nous voudriez ou
pourriez sur ce faire, que nous tenons pour
toutes entendues, & ne voulons empescher
l'effect de ladite verification : laquelle nous
mandons & enioignons tres-expressement

à nos Aduocats & Procureur, requerir &
pourſuiure de ſorte, que nous en ſoyons
promptement ſatisfaicts : nonobſtant auſſi
toutes ordonnances , declarations, reglemens, mandemens, defenſes & lettres à ce
contraires : Auſquelles nous auons pour
ceſte fois ſeulement, & ſans tirer à conſe-
quence , derogé & derogeons. Car tel
eſt noſtre plaiſir. Donné à Paris le premier
iour de Feurier, l'an de grace mil cinq cens
quatre vingts trois. Et de noſtre regne le
neufieſme. Signees, Par le Roy, en ſon Conſeil. BRVLART. Et ſcellees du grand ſeel à
ſimple queüe de cire iaune. Et à coſté eſt
eſcrit.

Enregiſtré en la Cour des Aydes à Paris, ouy &
conſentant le Procureur general du Roy, du treſ-ex-
pres commandement dudit Seigneur, pluſieurs fois
reiteré, aux charges contenuës en l'Arreſt donné en
icelle, ce iourd'huy cinquieſme iour d'Aouſt, 1583.
Signé   PONCET.

Extraict des Regiſtres de la Cour des Aydes.

VEV par la Cour les lettres patentes du
Roy, donnees à Paris au mois de Decembre, mil cinq cens quatre vingts vn, Signees

gnees sur le reply, par le Roy estant en son
Conseil, BRVLART, & seellees sur lacs de
soye en cire verte du grand seel : Par lesquelles ledit Seigneur, pour les causes &
considerations y contenuës, de l'aduis de
son Conseil, & par meure deliberation d'i-
celuy, de sa certaine science, pleine puissance & authorité Royale, a creé & erigé en
chef & tiltre d'office formé en chacune ville & faulxbourgs de ce Royaume, vn Clerc
& Commissaire du Huictiesme du vin, pour
fidelement veoir, visiter, inuentorier, enregistrer, royner, marquer, & certifier les vins
vendus en detail, és tauernes & hostelleries
desdites villes & faulxbourgs de cedit Royaume, pour y estre dés à present pourueu,
& cy apres quand vacation y escherra, de
personnes capables, & de pre d'hommie
requise : Les lettres patétes dudit Seigneur,
en forme de Iussion & Declaration, du premier iour de Feburier, mil cinq cens quatre
vingts trois, dernier passé : signees, Par le
Roy en son Conseil, BRVLART, & seellees
de cire iaune, sur simple queuë du grád seel:
par lesquelles le Roy auroit ordonné qu'il
ne seroit pourueu esdits offices qu'és lieux
où ladite ferme se trouueroit monter par

communes annees à la somme de quatre cens liures tournois, & non au deſſoubs: les gages deſquels ledit Seigneur auroit re- duits & moderez à cinquante liures tour- nois, qui ſe payeront ainſi & de la meſme nature de deniers qu'il ſe fait és autres villes où il y en a de preſent. Et pour le regard des lieux où elle ſe trouueroit monter auſſi par communes annees, iuſques à la ſomme de mil liures, & au deſſus: Veut & ordonne qu'ils ſoient & demeurent à l'inſtar de ceux de la ville de Paris, ſelon qu'il eſt porté par ledit Edict. La coppie eſtant en parchemin de l'Edict fait par ledit Seigneur à Paris, au mois de Septembre, mil cinq cens ſoixante dix-huict, contenant la creation de trois pa- reils Clercs & Commiſſaires dudit Hui- ctieſme, pourueuz és villes de Tours, Blois, & Orleans, ſigné PONCET, attaché ſous le contreſeel de la Chancellerie, auec ledit Edict dudit mois de Decembre mil cinq cens quatre vingts vn: Les concluſions du Procureur General du Roy, & tout veu & conſideré: La Cour a ordonné & ordonne, que leſdites lettres ſeront enregiſtrees au Greffe d'icelle, à la charge qu'il ne ſera pourueu eſdits offices qu'és lieux où la fer-

me du Huictiefme du vin fe trouuera mõter par communes annees à la fomme de
fix cens liures tournois & au deffus, aux gages de cinquante liures tournois pour toutes chofes, & fans qu'ils puiffent pretendre autres droicts, qui fe payeront ainfi & de la mefme nature de deniers qu'il fe fait és autres villes, où il y en a dés à prefent. Et pour le regard des lieux où ladite ferme fe trouuera monter par communes annees iufques à la fomme de douze cens liures tournois, & au deffus, les gages defdits Clercs & Commiffaires fe payeront à l'inftar de ceux de la ville de Paris, à raifon de cent liures tournois par an, & aux droicts, profits, & emolumens tels & femblables qu'ont accouftumé prendre ceux de ladite ville de Paris. Et ne pourront lefdits Clercs, Commiffaires entrer en l'exercice de leurs eftats, finon apres que les baux defdites fermes dudit Huictiefme qui font de prefent, foient expirez. Prononcé le cinquiefme iour d'Aouft, mil cinq cens quatre vingts & trois.

Signé   PONCET.

D ij

LETTRES DE DECLARATION
du Roy, sur l'establissement des Offices de Clercs Commissaires du Huictiesme.

HENRY par la grace de Dieu, Roy de France & de Pologne, A tous ceux qui ces presentes Lettres verront, Salut. Nous aurions cy deuant à l'instar de nostre ville de Paris & autres, creé vn office de Clerc Cõmissaire du Huictiesme en aucunes villes & faulxbourgs de ce Royaume, pour bien & fidelement visiter, inuentorier, enregistrer, roisner, marquer & certifier les Vins vendus en detail és tauernes & hostelleries desdites villes & faulxbourgs, aux gages, à sçauoir de seize escus deux tiers és lieux où les fermes dudit Huictiesme reuiénét par cõmunes annees à la sõme de deux cens escus & au dessus, & trente trois escus vn tiers, és lieux où elles se trouueront aussi monter par communes annees, à la somme de quatre cens escus : ainsi que plus à plain est porté par l'Edict sur ce faict au mois de Decembre, mil cinq cens quatre vingts vn : lettres de Declaration & Iussion sur iceluy du premier iour de Feurier dernier : & Arreſt de verification d'iceux faicte en noſtre Cour des Aydes. Et d'autāt que par noſtre-dit Edict il auroit eſté obmis de comprédre les gros Bourgs & Bourgades, enſemble les droits du Quatrieſme, qui ſe payent en Normandie, eſquels aucuns des Fermiers voudroient commettre, comme ils ont ac-couſtumé, gens à leur poſte:& par ce moyen empeſcher leſdits Clercs Commiſſaires en la ioüiſſāce de leurs Offices, & alleguer que leurs baulx ne leur ſont faicts à ceſte char-ge: choſe qui rendroit noſtredit Edict preſ-que infructueux ſans que nous en puiſſions retirer le ſecours que nous en eſperons ēn la neceſſité de nos affaires.

POVR à quoy pourueoir, auroient eſté dreſſees nos lettres de Declaration, conte-nant le reglement deſdits Eſtats,& en quels lieux ils doiuent eſtre eſtablis: auant pro-ceder à l'expedition deſquelles lettres nous les aurions renuoyees à nos amez & feaux Conſeillers, Aduocat,& Procureur general en noſtre Cour des Aydes à Paris, pour nous donner ſur ce leur aduis. A quoy ayant eſté ſatisfaict, & ledit aduis veu en noſtre-dit Conſeil, Nous auons ce iourd'huy or-donné & ordonnons, que ſans y auoir eſ-

gard, lesdites offices serõt establis en toutes
les villes & faulxbourgs d'icelles de nostredit Royaume : ensemble és gros bourgs &
bourgades subjets à la contribution des
villes closes, à la solde des cinquante mille
hommes de pied, sans aucune autre attribution ne augmentation de gages : voulant
que ceux qui seront pourueuz desdits offices en ioüissent plenemẽt & paisiblement
selon le contenu de leurs Lettres de proui-
sion à commencer du iour & datte d'icelles :
tant pour le regard du droit du Huictiesme
& Quatriesme, que des Dixiesme & Tre-
ziesme, où les Huictiesme & Quatriesme
n'ont point de lieu, & les Fermiers de nosdits droits contraints à leur payer au lieu
des gages ce qu'ils ont accoustumé payer
aux Commis pour nous, & que prennent à
present ceux qui tiennent & exercent semblables offices, tant en nostre ville de Paris
que ailleurs, où ils sont establis : à ce que
ceux qui seront doresnauant pourueuz desdits offices, ne puissent pretendre, comme
ils feroient, d'estre payez de leursdits gages
sur le fonds de nos Aydes, ains par les mains
des Fermiers d'icelles, outre & par dessus le
prix de leurs adiudications : encores qu'ils

ne soiẽt chargez de ce faire par leurs baulx.
Defendant à toutes perſonnes à peine de
cent eſcus d'amende de ſentremettre en
l'exercice deſdites offices , ſouz pretexte
des Commiſſions qu'ils pourroient auoir
obtenues d'aucuns de nos officiers ou autres : leſquelles à ceſte fin nous auons reuoquees & reuoquons, ſans qu'ils ſ'en puiſſent
ayder. Ce que nous leur defendons tres-
expreſſément à peine de faux , & aux Fermiers de noſdits Aydes de payer aucune
choſe: ſinon à ceux qui aurõt eſté pourueuz
deſdits offices , en vertu de noſtredit Edict,
& depuis la verification d'iceluy faicte en
noſtredite Cour des Aydes audit Paris: leſquels ſeuls pourueuz , & non autres , exer-
ceront leſdites offices , comme dict eſt cy
deſſus : ſans qu'ils y puiſſent eſtre empeſ-
chez .

Si donnons en mandement à nos amez
& feaux Conſeillers , les Eſleuz ſur le faict
de nos Aydes & Tailles , que nos preſentes
lettres de Declaration, vouloir & intention
ils facent lire & enregiſtrer, garder, obſer-
uer & entretenir chacun en ſon regard de
poinct en poinct , ſelon ſa forme & teneur :
& du contenu ioüir & vſer leſdits Cleres

Gommiſſaires : ceſſans & faiſans ceſſer tous troubles & empeſchemens au contraire : nonobſtant oppoſitions ou appellations quelsconques, pour leſquelles ne voulons eſtre aucunement differé, & dont ſi aucunes interuiennent, nous auons retenu & reſerué à nous & à noſtre Conſeil la cognoiſſance, & icelle interdite & defendue à noſtredite Cour des Aydes & tous autres nos Iuges. En mandant au premier noſtre Huiſſier ou Sergent ſur ce requis, faire tous exploicts requis & neceſſaires, pour l'execution tant de noſtredit Edict, lettres de Declaration ſur iceluy, que de ces preſentes. Deſquelles par ce que l'on pourra auoir affaire en pluſieurs & diuers lieux, Nous voulons qu'au vidimus d'icelles deüement collationnez, foy ſoit adiouſtee comme aux originaux. Car tel eſt noſtre plaiſir. En teſmoin de ce nous auons faict mettre noſtre ſcel à ceſdites preſentes. Donné à Paris le premier iour de Mars, l'an de grace mil cinq cens quatre vingts quatre. Et de noſtre regne le dixieſme. Signé ſur le reply, Par le Roy en ſon Conſeil, GVYBERT. Et ſcellees du grand ſcel en cire iaulne ſur double queüe.

EDICT

EDICT DV ROY, CONTE-

nant le Restablissement des Offices de Clercs,
Commissaires du Huictiesme, & autres droicts
du vin, vendu en chacune ville, bourgs & bour-
gade de ce Royaume.

HENRY par la grace de Dieu Roy de France & de Polongne, à tous presens & à venir, salut. Par nostre Edict du mois de Nouembre 1584. faict sur la reduction du grand nombre d'offices nouuellemét creez en cestuy nostre Royaume : Nous aurions supprimé plusieurs desdits Offices : Et entr'autres ceux de Clercs Commissaires du Huictiesme en chacune des villes, bourgs & bourgades d'iceluy, où n'auoit encores esté pourueu, lesquels sont neantmoins tref-necessaires pour la conseruatiõ de nos droicts, tant du huictiesme & quatriesme, que du dixiesme & autres droits qui se leuent pour les villes & communautez de nostredict Royaume sur le vin & autres menus boires : afin de coupper chemin aux abus qui se commettoient par ceux qui exerçoient par commission lesdits Offices. Ce qu'ayant depuis esté consideré, mesmes les grandes

E

& exceſſiues deſpenſes que nous auons à
ſupporter pour la conſeruation de cet eſtat,
& que ſans la foule de noſtre peuple (que
deſirons ſoulager autant qu'il nous ſera poſ-
ſible) pouuons eſtre ſecourus & promptement aidez de bōne ſomme de deniers pro-
uenans deſdits Offices de Clercs & Cōmiſ-
ſaires deſdits Huictieſme, en les reſtabliſſant
ſans qu'au moyen dudit reſtabliſſement nos
ſubiets en reçoiuent aucune ſurcharge, &
nous grand profit & commodité, ſans aucune diminution de nos droicts & reuenu. A
ces cauſes, & autres conſideratiōs à ce nous
mouuans, auons de l'aduis & deliberation
des gens de noſtre Conſeil, reuoqué & reuoquons noſtredit Edict de Suppreſſion,
pour le regard deſdits Clercs & Cōmiſſai-
res, enſemble la verification d'iceluy, & tout
ce qui s'en eſt enſuiuy. Voulōs & nous plaiſt
que dés à preſent il ſoit par nous pourueu
auſdits Offices, & d'oreſnauant quand vacation y eſcherra de perſonnes capables pour
les tenir & exercer ſuiuant l'Edict de leur
premiere creatiō, declaration & interpreta-
tion ſur ce faictes, & aux meſmes honneurs,
auctoritez, gaiges, droicts, profits, reuenus &
émolumens portez par iceluy, & à l'effect

que deſſus, Auons de nouueau entant que
beſoin eſt ou ſeroit par ceſtuy noſtre Edict
& Ordonnance perpetuelle & irreuocable,
creé, erigé & reſtably, & de nos certaine
ſcience, pleine puiſſance & auctorité Royal,
creons, erigeons & reſtabliſſons leſdits Offices ſupprimez, comme dict eſt, en chef &
tiltre d'Offices formez, derogeans àceſte fin
& pour les conſiderations ſuſdites auſdits
Edits & Ordonnances, & à la derogatoire
de la derogatoire y contenuë. Si donnons en
mandemét à nos amez & feaux Conſeillers
les Gens tenans nos Cours des Aydes à Paris, Rouën, & autres qu'il appartiendra, que
ceſtuy noſtre preſent Edict ils verifient & facent enregiſtrer, & le contenu garder & entretenir, ſans ſouffrir qu'il y ſoit contreuenu
en aucune maniere. Car tel eſt noſtre plaiſir. Et afin que ce ſoit choſe ferme & ſtable à
touſiours, nous auons faict mettre noſtre
ſeel à ceſdites preſentes. Donné à Paris au
mois de Decembre, l'an de grace mil cinq
cens quatre vingts cinq : & de noſtre regne
le douzieſme. Signé HENRY. Et ſur le reply
par le Roy eſtát en ſon Conſeil, ſigné BRV-
LART. Et à coſté eſt eſcrit VISA.

Regiſtrees en la Cour des Aydes à Paris, ouy ſur ce

le Procureur general du Roy , aux charges contenuës
en l' Arrest dōné en icelle, ce ioura'huy Vingtdeuxief-
me iour de Ianuier , mil cinq cens quatre Vingts six.
Signé PONCET. Et ſeellees du grand ſeel
de cire verte, ſur lacs de ſoye cramoiſie &
verte.

Extraict des Regiſtres de la Cour des Aydes.

VEV par la Cour les lettres patentes du
Roy donnees à Paris , au mois de Decembre 1585. ſignees HENRY. Et ſur le reply, Par le Roy en ſon Cōſeil, BRVLART. Et
ſeellees en lacqs de ſoye de cire verd du grād
ſeel, Par leſquelles ledit Seigneur, pour les
cauſes & conſiderations y contenuës , & par
l'aduis des gens de ſon Conſeil , reuoque
l'Edict de Suppreſſion par luy faict pour le
regard des Clercs & Commiſſaires du Huictieſme en chacune des villes , bourgs &
bourgades de ce Royaume , enſemble la
veriſication d'icelle, & tout ce qui s'en eſt
enſuiuy : Veut que dés à preſent il ſoit par
luy pourueu, & d'oreſnauant quand vacation y eſcherra, de perſonnes capables pour
les tenir & exercer, ſuyuant l'Edict de leur
premiere creation, declarations & interpre-

tations fur ce faictes, & aux mefmes honneurs, auctoritez, gages, droicts, profits, &
émoluments accouftumez , felon & ainfi
qu'il eft plus au long contenu & fpecifié par
lefdites lettres : & lefquels Offices iceluy
Seigneur entant que befoin eft, a creez, eri-
gez & reftablis, de fa certaine fcience, pleine puiffance & auctorité Royal, l'Arreft
donné en ladite Cour, le cinquiefme iour
d'Aouft 1583. Sur l'Edict faict au mois de
Decembre 1581. contenant la creation &
erection defdits Eftats en tiltre d'Office.
Ouy le Procnreur general du Roy, qui a requis l'entherinement & verification defdites lettres : & tout confideré, La Cour
a ordonné & ordonne, que lefdites lettres
feront enregiftrees au Greffe d'icelle, pour
iouyr par ceux qui feront pourueus defdits
Offices, felon & fuyuant l'Arreft donné par
ladite Cour, le cinquiefme Aouft 1583. &
que lefdits Officiers ne commenceront à
iouyr que le premier iour d'Octobre pro-
chainement venant. Prononcé le vingt-
deuxiefme Ianuier 1586.

Signé   PONCET.

DECLARATION DV ROY,

sur le restablissement des Clercs & Commissaires des fermes des Huictiesmes, Vingtiesmes, & Quatriesmes: & pour la perception des droits du Roy és entrees de Villes, Draps vendus en gros, Poisson de mer, fraiz & salé, Bestial à pied fourché, Busche & Bois Merrien: & de toutes les fermes des Aydes, & autres impositions.

HENRY par la grace de Dieu, Roy de France & de Nauarre, A tous ceux qui ces presentes Lettres verront, Salut. Le feu Roy dernier decedé, nostre tres-honoré Seigneur & Frere, que Dieu absolue, desirant remedier aux abus qui se commettoient en la perception de nos Aydes, auroit par ses Edicts des mois de Decembre 1581. & Mars 1586. verifiez où besoin a esté, creé & erigé en tiltre d'office, les charges de Clercs & Commissaires des fermes des Huictiesmes, Vingtiesmes, & Quatriesmes, qui auparauāt souloient estre exercez par Commission, & faict sur ce plusieurs reglemēs: Comme aussi pour la perception de nos droits és entrées de Villes, Draps vēdus en gros, Poissons de mer, fraiz & salé,

Beſtial à pied fourché, Buſche & Bois Merrien, & de toutes ſes autres fermes de noſdites Aydes, & autres impoſitions: Et attribué
auſdits officiers pluſieurs droits & proffits
dont ioüiſſoient auparauāt leſdits Commis,
auec exemption d'eſtre nommez & creez
Collecteurs & Aſſeeurs des Tailles, Mar-
guilliers, Procureurs, Scindicqs, Meſſiez &
gardes de vignes, Commiſſaires d'heritages
ſaiſies en Iuſtice, & autres ſemblables charges, à aucuns deſquels offices auroit eſté dés
lors pourueu, non toutesfois en nombre
ſuffiſant, ny és lieux les plus neceſſaires: Au
moyé de ce que par autre Edict du mois de
Nouembre 1584. leſdits offices auroiét eſté
ſupprimez auec pluſieurs autres de nouuelle creatiõ : Et toutesfois depuis reſtablis par
autre Edict du mois de Decembre 85. dé-
puis lequel reſtabliſſement les troubles der-
niers ſeroient ſuruenus en ce Royaume, qui
auroit empeſché pluſieurs perſonnes de ſe
faire pouruoir deſdits offices, à cauſe dequoy noſdites fermes ſont de preſent donnees à vil prix, à noſtre tref-grand preiudice
& dommage: Ce qu'ayás faict mettre en deliberation en noſtre Conſeil, & trouué que
nous pouuõs ſans charge ny foule de noſtre

peuple ny de nos finances ordinaires, estre
secourus promptemét d'vne bonne somme
de deniers en l'vrgente necessité de nos affaires par la vente desdits offices : Nous de
l'aduis de nostre Conseil, & de nos certaine
science, plene puifsáce & auctorité Royale,
Auons dict & declaré, disons & declarôs par
ces presentes, nostre vouloir & intention
estre que suiuant & conformément ausdits
Edicts du mois de Decembre quatre vingts
vn, & 85. & de Mars 86. Et nonobstant toutes reuocations faictes d'iceux Edicts que
nous auons leuees & ostees, leuôs & ostons
par ces presentes, il sera dés à present & cy
apres, vacation aduenant, par nous pourueu
de personnes capables ausdits offices de
Clercs & Commissaires, tant de toutes nos
fermes de vin & menus breuuages au dessus & au dessous de cent trente trois escus
vn tiers par an, Entree de ville, Draps vendus en gros, Poisson de mer, fraiz & salé,
Bestial à pied fourché, & bois Merrien, que
de toutes autres fermes de nos Aydes, soiét
anciennes ou nouuelles: mesmes de l'imposition derniere, sur les denrees & marchandises portees par nostredit Edict du mois de
dernier, En tous les lieux & endroits

droits, & en tel nombre qu'il fera aduifé en
noftre Côfeil, pour en ioüir par lefdits pourueuz, tout ainfi & aux mefmes droits, taxations, exemptions, & proffits dont ioüiffent
lefdits Clercs & Cômiffaires à prefens pourueuz en plufieurs endroits de noftre Royaume, mefmes en aucunes des villes, bourgs,
bourgades, & plat pays de noftre Eflection
de Paris. A l'inftar defquels nous voulons
que ceux qui en feront par nous pourueuz,
tant en ce qui refte à eftablir en noftredite
Eflection de Paris, qu'autres nos Eflections,
foient reglez, maintenus & gardez. Et par
ce que nous fommes bien aduertis que la
plufpart de ceux qui font à prefent pourueuz defdits offices, ont payé trop peu de finance, eu efgard aux grãds droits, taxations
& proffits dont ils ioüiffent, & qui leur font
payez, Nous entendons qu'ils foient tenus
& contraints de fuppleer à raifon du denier
huiẽt defdits droits, taxatiõs & proffits, dont
ils ioüiffent, & qui leur font payez chacun
an par les Fermiers de nofdites Aydes, Im-
pofitiõs & autres, ainfi qu'ont faiẽt tous nos
autres officiers de finance fuiuant noftre
Ediẽt du mois de   mil cinq cens
quatre vingts &   verifié où befoin a

F

esté. Si donnons en mandemēt à nos amez
& feaux Conseillers, les gens tenans nos
Cours des Aydes de Paris, Roüen & Mont-
ferrant, President & Tresoriers generaux
de France, en chacune generalité de ce
Royaume, Presidens, Esleuz, & Controolleurs de nos Eslections, & à tous nos autres
Iusticiers & Officiers qu'il appartiendra,
que ces presétes nos lettres de Declaration,
vouloir & intention, ils verifient & facent
enregistrer, & le contenu en icelles garder
& obseruer inuiolablement, faisans ioüir les
pourueuz desdits offices, de l'effect d'icelles, plenement & paisiblement : Cessans &
faisans cesser tous troubles & empeschemens au contraire. Le tout nonobstant oppositions ou appellations quelsconques,
pour lesquelles ne voulõs estre differé: Car
tel est nostre plaisir. En tesmoin dequoy
nous auons faict mettre nostre seel à cesdites presentes. Données à Paris le 23. iour
de Ianuier, l'an de grace 1598. Et de nostre
regne le neufiesme. Signé, HENRY.
Et sur le reply, Par le Roy, POTIER. Et scel-
lees du grand scel de cire iaulne sur double
queüe.

Registrées en la Cour des Aydes, Ouy sur ce le Pro-

cureur general du Roy, suiuant & aux charges contenues en l'Arrest de ladite Cour, du iourd'huy à Paris le 29. iour d'Auril 1598.

Signé,   BERNARD.

EDICT DV ROY, PORTANT

*attribution d'heredité aux Offices de Police & au-
tres y mentionnez, & pour la reuente de ceux
dont les pourueuz n'auront prins ladite attribution : Ensemble pour la vente & establissement
desdits Offices auec ladite heredité, és lieux où il
n'en a encores esté estably depuis les Edicts de leur
creation.*

LOVIS par la grace de Dieu, Roy de
France & de Nauarre, A tous presens
& à venir, Salut. Les mouuemens qui n'ont
esté que trop frequens en ce Royaume, depuis nostre aduenement à la Couronne :
mesmes le dernier lors que nous pensions
faire ioüir nos subjets d'vn ferme & asseuré
repos, & mettre nos finances en si bon ordre
que le reuenu ordinaire peut suffire pour
supporter les despenses de nostre maison &
de l'Estat : Nous ayant contraint d'auoir recours à des moyens extraordinaires à me-

F ij

sure que les occasions des despenses se sont
presentees, & nous y contraignans encore
pour remplacer le fonds & reuenu ordinaire, tant de ceste annee, que de l'annee pro-
chaine prins par anticipation, & consumé
pour seruir aux despenses du dernier mou-
uement, & à celles qu'il a cõuenu faire pour
establir & affermir la paix, & payer le dot &
fraiz du mariage de nostre tres-chere sœur
la Princesse de Pied-mont : toutesfois nous
ne nous sommes seruis que de ceux qui ont
esté les plus tolerables & moins à la foule &
charge de nos subjets, ayant mieux aymé
prendre sur nous mesmes, & auec quelque
legere diminution sur nos finances, que d'y
proceder par nouuelle imposition sur eux :
& desirant tesmoigner tousiours à nosdits
subjets le soing particulier que nous auons
de les bien traicter, encore que nostre necessité presente soit telle & si vrgente que
elle meriteroit d'estre secourue par des
moyens fort prompts : Neantmoins sur la
proposition faicte en nostre Conseil, de
mettre en heredité aucuns petits offices
sans gages, & qui ne tiennent aucun lieu en
l'administration de la Iustice & des Finances, & faire faire l'establissement d'iceux

és lieux où ils ont esté negligez pour en tirer quelque secours en ceste necessité de
nos affaires : Nous nous sommes arrestez à
ce moyé, A ces causes ayant fait mettre cet
affaire en deliberation en nostre Conseil,
où estoient aucuns Princes de nostre sang,
Officiers de nostre Couronne, & plusieurs
autres grãds & notables personnages: Nous
de l'aduis de nostre Conseil , & de nos certaine science, pleine puissance & auctorité
Royale, Auons par cestuy nostre present
Edict perpetuel & irreuocable , dict , sta-
tué, & ordonné , disons, statuons & ordonnons, voulons, & nous plaist , que tous
Offices de Courtiers de Vins, Laines, Cuirs
& toutes autres marchandises , Aulneurs,
& Visiteurs de Draps & Toiles , Vendeurs
de Poisson de Mer , frais , sec , & salé,
Vendeurs de Bestial à pied fourché : les
Mesureurs & Porteurs de Bleds & autres
grains : Iurez Messagers Ordinaires des
Villes, Iurez Maçons, Charpentiers , &
Clercs de l'Escritoire, Controolleurs des
Plastres à Paris, Controolleurs aux portes
de ladite Ville, & des Arpenteurs, & Mesureurs Iurez des Terres, Bois, Eaües & Fo-
rests : Tous lesdits Offices cy deuant croez

par Edicts , pour en iouyr par les pourueuz
en tiltre d'Office , seront d'oresnauant hereditaires & possedez par ceux qui en iouys-
sent à present , auec le droict d'heredité,
sans qu'ils soyent subjects à vacquer par le
deceds de ceux qui en sont ou seront cy a-
pres pourueuz , ains conseruez aux familles
par leur deceds : & y estre par nous pourueu
sur la nomination de leurs vefues , enfans,
ou heritiers, pour iouyr desdits offices & des
droicts, priuileges, preeminences & immu-
nitez dont ils ont bien & deuëment iouy,
& qui leur sont attribuez , sans aucune diminution ny augmentatiõ d'iceux, à la charge de nous payer par les pourueuz desdits
Offices finance moderee par forme de sup-
pléement pour l'attribution dudit droict
d'heredité, selon la taxe qui en sera faicte en
nostre Conseil: ou à faute de payer par eux,
ou aucuns d'eux ladite taxe , il sera procedé
à la reuente de leurs Offices, remettãs à leur
option de payer ladite taxe, ou souffrir ladite reuente , à laquelle par faute de payemét
dudit suppleement, sera auec ledit droict
d'heredité procedé par les Commissaires
qui seront à ce par nous députez : Et ce faisant nous voulons que les Officiers pour-

ueuz soient remboursez actuellement, &
à vn seul payement de la finance qu'ils iusti-
fieront auoir payee par la quittance du Tresorier de nos parties Casuelles, ou commis
par nous à la recepte des deniers de la vente
desdits Offices pour l'achapt & compositió
d'iceux en nos coffres. Et quant aux autres
qui ne les ont euz directemét de nous : mais
de quelques particuliers desquels ils les ont
acquis seront aussi remboursez, ensemble
de leurs frais & loyaux cousts, selon ce qui
sera ordonné en nostre Conseil, sans qu'ils
puissent estre depossedez, qu'au prealable
leurdit remboursement n'ayt esté faict.
Comme aussi sera procedé par lesdits Commissaires à la vente & establissement, auec
ledit droict d'heredité desdits Offices és
lieux & endroits où ils n'ont encore esté e-
stablis depuis les Edicts de creation d'iceux,
à la reserue neantmoins de ceux ausquels
nos chers & bien amez les Preuosts des
Marchands & Escheuins de nostre bonne
ville de Paris, & autres Villes & Communautez qui ont droict & faculté d'y pouruoir & pareillement des Offices de Messagers, esquels le Recteur de l'Vniuersité pre-
tend mesme priuilege, ausquels nous n'en-

tendons faire aucun preiudice, ains voulons
estre conseruez en leurs droicts , les excep-
tant audit cas de l'heredité pour demeu-
rer en Offices, ainsi qu'ils sont à present : &
à cet effect representeront leurs tiltres de
leursdits priuileges ausdits Commissaires,
pour estre veus & rapportez en nostredit
Conseil.   Si donnons en mandement è
nos amez & feaux Conseillers les gens tenans nos Cours de Parlemens & des Aydes,
& à tous nos autres Iusticiers & Officiers
qu'il appartiendra, chacun endroit soy, Que
ces presentes ils facent lire, publier , & enregistrer, & du contenu en icelles ils facent,
souffrent & laissent iouyr & vser ceux qui
seront pourueuz desdits Offices auec ledit
droict d'heredité pleinement & paisiblemét
sans souffrir ny permettre qu'il y soit, ne
puisse estre contreuenu en aucune maniere, cessans & faisans cesser tous troubles &
empeschemens au contraire. Car tel est nostre plaisir : Nonobstant tous Edicts & Declarations, oppositions ou appellatiós quelsconques, pour lesquelles ne voulons estre
differé.   Et afin que ce soit chose ferme &
stable à tousiours, Nous auons fait mettre
nostre seel à cesdites presentes.   Donné à
Paris

Paris au mois de Feurier, l'an de grace mil
six cens vingt. Et de nostre regne le dixief-
me. Signé L O V I S. Et sur le reply. Par le
Roy. De Lomenie. Et à costé, Visa. Et
seellé du grand sceau de cire verte sur lacqs
de soye.

*Leu, publié, & registré, present & requerant le
Procureur general du Roy, & ordonné que copies
collationnees seront enuoyees aux Bailliages & Se-
neschaussees, pour y estre leuës, publiees, registrees &
executees selon leur forme & teneur. A Paris en Par-
lement, le Roy y seant, le dix-huictiesme Feurier,
mil six cens vingt.*

Signé   DV TILLET.

*Leu, publié, & registré par le commandement du
Roy, porté par Monsieur le Prince de Condé, assisté
des sieurs de Chasteau-neuf, Ieannin, & Vignier,
Conseillers au Conseil d'Estat de sa Maiesté, ouy &
consentant le Procureur general: A Paris en la Cour
des Aydes, le vingtquatriesme Feurier, 1620.*

Signé   PAVLMIER.

Extraict des Registres du Conseil d'Estat.

SVR ce qui a esté representé au Roy en
son Conseil, Qu'encores que par l'Edict

G

faiƈt au mois de Feurier dernier, pour l'he-
reditédes Offices de Police. Sa Maiesté
ayt entendu comprendre soubs termes generaux (auec ceux qui sont declarez par
iceluy) tous les menus Offices de Police
creez par Ediƈts : & qu'en faisant ladite heredité, elle n'ait eu autre intention que d'af-
feurer & conferuer lefdits Offices aux vefues & heritiers des pourueuz d'iceux aduc-
nãt leur decez, & de tirer d'eux en ce faifant
pour le fecours de fes affaires, les fommes à
quoy ils feroient taxez en fondit Confeil,
pour ladite heredité : Neantmoins aucuns
des pourueuz defdits menus Offices, compris fous termes generaux audit Ediƈt, craignent qu'on ne leur vueille debattre à l'aduenir la iouyffance dudit droiƈt d'heredité,
pour n'y eftre la qualité de leurs Offices particulierement exprimee: Et qu'outre ce, les
pourueuz tant defdits menus Offices que
de ceux qui font à plein fpecifiez & declarez
en iceluy Ediƈt, doutent qu'apres auoir acquis ledit droiƈt d'heredité, il fuft cy apres
procedé à la reuente de leurfdits Offices,
foit fur eux ou leurs fucceffeurs: En quoy ils
receuroientvn notable preiudice s'il ne leur
eftoit pourueu de tiltre pour les garantir de

ladite reuente, attendu que faisant icelle,
ils ne seroient remboursez que sur le pied
de la finance payee par leurs predecesseurs
aux parties Casuelles, qui ne reuiendroit pas
à beaucoup pres de ce qu'ils en ont payé
aux particuliers, au lieu desquels ils sont à
present pourueuz : Et que sur tels doutes
& incertitudes de la nature de ladite heredité, Il seroit necessaire que sa Majesté
les esclaircist & donnast à entendre plus
precisément son intention. Veu ledit Edict
du mois de Feurier dernier, & Arrests de
verification sur iceluy : Le Roy en son
Conseil, A ordonné & ordonne, qu'auec
tous les Offices de Courtiers de Vins,
Laynes, Cuirs, & toutes autres sortes de
marchandises, Aulneurs, & Visiteurs de
Draps, & Toiles, Vendeurs de Poisson
de Mer, frais, sec, & salé : Vendeurs de
Bestial à pied fourché, les Mesureurs &
Porteurs de Bleds & autres grains, Iurez
Messagers ordinaires des Villes, Controolleurs de Plastres, Controolleurs aux portes
de la ville de Paris, & autres declarez par
ledit Edit : Seront aussi compris les Controolleurs des ports de ladite ville de Paris,

les Gardes des Impositions esdites portes &
ports, Ensemble les Commissaires & Controolleurs des Quatriesme, Huictiesme, &
Vingtiesme : les Mesureurs, Porteurs de
Sel : les Visiteurs & Langayeurs de porcs,
& autres menus Offices de Police, creez
par Edicts, encores qu'ils ne soient particulierement exprimez par ledit Edict : Decla-
rant sadite Majesté, que tous lesdits Offices de Police, dont les pourueuz finance-
ront aux parties Casuelles, les sommes à
quoy ils seront taxez, pour iouyr dudit
droict d'heredité, suyuant ledit Edict, ne
seront subiets à aucune reuente sur lesdits
pourueuz, ny sur leurs successeurs, ny cen-
sez & reputez estre par eux tenus ou possedez soubs la faculté & condition de rachapt perpetuel, comme sont les Offices
de Notaires Royaux hereditaires, establis
és Villes & Parroisses de ce Royaume, di-
straicts de son Domaine. Et que ledit droict
d'heredité attribué par ledict Edict aux
pourueuz desdits Offices, ne se pourra
estendre qu'à leur benefice, & de leur premier resignataire ou successeur en leursdits Offices, dont aduenant le decez, lesdits
Offices seront conseruez à leurs vefues &

heritiers, & par sa Majesté & ses successeurs pourueu à iceux de personnes suffi-
santes & capables sur les demissions ou pre-
sentations desdits heritiers, sans pour ce
payer aucune nouuelle finance, ny marc
d'or: A la charge neantmoins que ceux au
proffit desquels lesdits premiers resignatai-
res auront disposé desdits offices, ne pourront iouïr de ladite heredité, & que venans
à deceder sans auoir resigné ou faict admettre leur resignation dans le temps accoustumé, leurs offices demeureront vacquans &
impetrables, ainsi que les autres offices dependans desdites parties Casuelles, dans
lesquelles ils rentreront comme ils sont à
present. Voulant sadite Majesté que pour
cet effect il en soit expedié telles lettres de
Declaration que besoin sera, qu'elle entend estre leües & publiees en sa grande
Chancellerie le sceau tenant, & registrees
és registres de l'Audiance d'icelle, à ce que
aucuns des pourueuz des susdits Offices
n'en pretendent cause d'ignorance. Faict
au Conseil d'Estat du Roy, tenu à Fontainebleau le huictiesme iour d'Auril, mil six
cens vingt.

Signé,   BARDEAV.

DECLARATION DV ROY,
donnée en consequence du precedent Arrest.

LOVIS par la grace de Dieu Roy de France & de Nauarre, A tous ceux qui ces presentes Lettres verront, Salut. Encores qu'en l'Edict par nous faict au mois de Feurier dernier pour l'heredité des offices de Police, Nous ayons entendu comprendre souz termes generaux (auec ceux qui sont declarez par iceluy) tous les menus offices de Police creez par Edicts : & qu'en faisant ladite heredité, nous n'ayons eu autre intention que d'asseurer & conseruer lesdits Offices aux vefues & heritiers des pourueuz d'iceux aduenant leurs decez, & de tirer d'eux, en ce faisant, pour le secours de nos affaires, les sommes à quoy ils seroient taxez en nostre Conseil pour ladite heredité, neantmoins il nous a esté representé, qu'aucuns des pourueuz desdits menus offices, ainsi compris souz termes generaux en nostredit Edict, craignent qu'on leur vueille debattre à l'aduenir la iouyssance dudit droict d'heredité, pour

n'y estre la qualité de leurs offices particulierement exprimee : & qu'outre ce les
pourueuz, tant desdits menus offices, que
de ceux qui sont declarez & specifiez par
nostredit Edict, doutent qu'apres auoir acquis ledit droict d'heredité, nous voulus-
sions faire proceder à la reuente de leursdits offices, sur eux ou leurs successeurs, en
quoy ils receuroient vn notable preiudice,
pour ce qu'ils ne seroient remboursez que
sur le pied de la finance payee par leurs predecesseurs en nos parties Casuelles pour
lesdits offices, qui ne reuiendroit à beaucoup pres de ce qu'ils ont payé aux particuliers : ce qui est directement contraire à
la sincerité de nostredite intention. De
laquelle desirant rendre les vns & les autres
plainement esclarcis & asseurez, & leuer
toute doute & incertitude qui se pourroient presenter sur ce suject : A ces causes,
de l'aduis de nostre Conseil, & de nostre
certaine science, pleine puissance & auctorité Royale, en interpretant nostredit Edict
du mois de Feurier dernier, dont copie est
cy attachee souz nostre contreseel : Auons
par ces presentes signees de nostre main,
Dict, declaré & ordonné, disons, declarons

& ordonnons, qu'auec tous les offices de
Courtiers de Vins, Laines, Cuirs, & toutes
autres sortes de marchandises, Aulneurs
& Visiteurs de Draps & Toiles, Vendeurs
de Poisson de Mer, fraiz, sec & salé, Vendeurs de Bestial à pied-fourché : les Mesureurs & Porteurs de Bleds & autres grains,
Iurez Messagers ordinaires des villes, Controolleurs de Plastres, Controolleurs aux
portes de nostre ville de Paris, & autres declarez par nostredit Edict, Nous auons entendu comprendre & voulons estre entendu & compris, les Controolleurs de nos
ports de ladite ville, les gardes de nos impositions esdites portes, & ports d'icelle :
Ensemble les Cōmissaires & Controolleurs
des Quatriesme, Huictiesme, & Vingtiesme : les Mesureurs & Porteurs en nos Gre-
niers à Sel, les Visiteurs & Langayeurs de
Porcs, & autres menus Offices de Police
creez par Edicts, encores qu'ils ne soient
particulierement exprimez par nostredit
Edict, Disons, declarons, & ordonnons en
outre, que tous lesdits offices de Police,
dont les pourueuz finâteront en nos parties
Casuelles, les sommes à quoy ils serōt taxez
en nostre Conseil, pour iouyr dudit droict
d'heredité,

d'heredité, ſuiuant noſtredit Edict du mois
de Feurier, ne ſeront ſujets à aucune reuente
ſur leſdits pourueus ny ſur leurs ſucceſſeurs,
ny cenſez & reputez eſtre par eux tenus ou
poſſedez, ſous la condition & faculté de rachapt perpetuel : comme ſont les offices de
Notaires Royaux hereditaires eſtablis és villes & paroiſſes de ce Royaume, diſtraits de
noſtre domaine : Et que ledit droict d'heredité attribué par noſtredit Edict auſdits pourueus deſdits Offices, ne ſe pourra eſtendre
qu'à leur benefice, & de leur premier reſigna-
taire ou ſucceſſeur en leurſdits offices : dont
aduenant le decez, leſdits offices ſeront con-
ſeruez à leurs heritiers, & par nous & nos ſucceſſeurs pourueu à iceux de perſonne ſuffi-
ſante & capable ſur la demiſſion ou preſenta-
tion deſdits heritiers, ſans pour ce nous payer
aucune nouuelle finance, ny marc d'or, à la
charge neantmoins que ceux au profit deſquels leſdits premiers reſignataires auront
diſpoſé deſdits offices, ne pourront iouyr de
ladite heredité, & que venans à deceder
ſans auoir reſigné ou fait admettre leur re-
ſignation dans le temps accouſtumé, leurs
offices demeureront vacquans & impetrables, ainſi que les autres offices dependans de

H

nos parties Casuelles, dans lesquelles ils rentreront comme ils sont à present.

Si donnons en mandement à nostre trescher & feal le sieur du Vair garde des sceaux de France, que ces presentes il face publier & registrer aux registres de nostre Chancellerie de France, & du contenu en icelles iouyr & vser pleinement & paisiblement lesdits Officiers, leurs vefues, enfans & heritiers selon leur forme & teneur : Cessans & faisans cesser tous troubles & empeschemens au cõtraire. Car tel est nostre plaisir, nonobstant quelsconques Lettres, Arrests & Reglemens à ce contraires. En tesmoin dequoy nous auons fait mettre nostre seel à cesdites presentes. Donné à Paris le 29. iour d'Auril, l'an de grace mil six cens vingt. Et de nostre regne le dixiesme. Signé, LOVIS. Et sur le reply, Par le Roy, DE LOMENIE. Et seellé sur double queuë du grand sceau en cire iaune. Et sur le mesme reply au dessous est encore escrit :

Leuës, & publiees le sceau tenant, & registrees és registres de l'Audiance de la Chancellerie de France, par moy Conseiller, Secretaire du Roy & de ses Finances, & grand Audiancier de France, sous-signé. A Paris le cinquiesme iour de Iuin, mil six cẽs vingt.

Signé,   DESPORTES.

ARREST DV CONSEIL

*d'Estat du Roy, pour la vente en heredité des of-
fices de Clercs Commissaires & Controolleurs des
Aydes, és lieux où il en reste à establir, suiuant
les Edicts & Declarations de sa Maiesté.*

SVR ce qui a esté representé au Roy en son Conseil, que ses subiects redeuables aux droicts de ses Aydes sont grandement vexez & trauaillez par les fermiers, en ce que non contens de tirer & receuoir d'eux ce qu'ils en peuuent iustement pretendre suiuant les baux de leurs fermes, à cause du vin, & autres marchandises qui se vendent & debitent, subiectes au payement des Aydes, ils exigent ordinairement plus qu'il n'en est deu. Ce qui prouient principalemēt de ce qu'en la plus part des lieux & endroits où lesdites Aydes ont cours, il n'y a aucuns Officiers preposez par sa Majesté pour les recherches & visites desdits Vins, & autres marchandises pour tenir bons & fidels registres & inuentaires, suiuant lesquels lesdits fermiers puissent raisonnablement prendre & perceuoir leursdits droicts, ou en cas de refus poursuiure les debiteurs pardeuant les Iuges, ausquels la cognoissance en appar-

H ij

tient. De sorte que pour faire telles recherches & visites qui veritablement sont neces-
saires pour la perception desdites Aydes, lesdits fermiers y commettent & employent
telles personnes que bõ leur semble, aucuns
desquels ont interest auec eux ausdites fermes, autres sont leurs parens, amis ou serui-
teurs qui pour leur raporter du profit, & y
participer eux mesmes bien souuent surchar-
gent par leurs registres & raports iniustemẽt
les particuliers de plus grande quantité de
Vin, ou autres marchandises qu'ils n'en ont
eu ou debité, Et neantmoins sur les raports
desdites visites, ils sont condamnez par lesdits Iuges, d'autant que l'on y adiouste foy,
sinon en cas de verification de faulseté, laquelle il est quasi impossible de pouuoir aue-
rer, tellement qu'il seroit tres-necessaire d'y
pouruoir, & qu'il y eust personnes fideles &
capables qui feussent pourueuz par sa Majesté desdites Commissions en tiltre d'Office, & eussent serment à Iustice qui tiendroiẽt
bons & fidels Registres des Vins & autres
marchandises subiectes aux droicts d'Aydes
& impositions, pour faire foy, & preuue le-
gitime en Iustice, entre le fermier & les subiects de sa Majesté, par le moyen desquels

sa Majesté puisse recognoistre la valeur desdites Aydes, mesmes lors que lesdits fermiers
ou aucuns d'eux voudroient pretendre quelque rabais, comme il arriue ordinairement:
ce qui a faict iuger lesdits offices si necessai-
res, que par plusieurs Edicts lesdites charges
ont esté erigees en tiltre d'office souz la qualité de Clercs , Commissaires & Controolleurs : Et ordonné que les gages attribuez
ausdits offices seroient payez par lesdits fermiers, sans diminution du prix de leursdites
fermes, attendu les gages qu'ils sont tenus
payer ausdits Commissaires, leurs baux estãs
faicts à condition d'acquiter les charges. Et
mesmes depuis par autre Edict du mois de
Feurier mil six cens vingt, & Declaration de
sa Majesté du vingt·neufiesme Auril ensuiuant, lesdits offices ont esté rendus hereditaires, & ordonné qu'il en seroit estably auec
ladite heredité és lieux & endroits où il en
reste à pouruoir suiuant lesdits Edicts.

Veu l'Edict du mois de Decembre mil
cinq cens quarante sept , portant creation
d'vn Clerc Commissaire, pour tenir ledit registre du Vin vendu en gros à Paris. Autre
Edict du mois de Decembre mil cinq cens
quatre-vingt vn, portant creatiõ d'vn Clerc

Commissaire en chacune Ville & Faulxbourgs, pour tenir registre du Vin vendu
en destail, Declaration du premier Feurier
mil cinq cens quatre-vingts trois, portant
reduction desdits offices, és lieux seulement
où la ferme montera six cens liures & au dessus, auec attribution de cinquante liures de
gages esdits lieux, & de cent liures en ceux
où elle montera douze cens liures, Autre
Declaration du premier Mars mil cinq cens
quatre-vingts quatre, pour l'establissement
desdits offices és gros Bourgs & Bourgades :
ensemble pour le payement de leurs gages
par lesdits fermiers, sans diminution du prix
de leurs fermes. Declaration de sa Majesté
du vingt-troisiesme Ianuier 1598. pour estre
pourueu à tous lesdits offices, en tels lieux &
endroicts, & en tel nombre qu'il seroit aduisé en son Conseil. Requeste presentee à la
Cour des Aydes à Paris le douziesme Nouembre 1613. par M. Anthoine Feideau,
Fermier general des Aydes, pour contrain-
dre le nommé Dangers, l'vn des Clercs Cõ-
missaires de la ville de Paris, de receuoir son
remboursement, suiuant le huictiesme article du bail desdites Aydes. Arrest de ladite
Cour du trétiéme Iuin 1614. par lequel sur le

renuoy fait par le Conseil, du differend desdites parties en ladite Cour, elle auroit de-
bouté ledit Feydeau de sa demande, & con-
damné aux despens. Arrest dudit Conseil du
iour de   mil six cens
dix-sept, par lequel le nommé Peigne & autres Clercs Commissaires de Roüen ont esté
mantenus, & lesdits Fermiers deboutez auec
despens du remboursement qu'ils preten-
doiët faire de leursdits offices. Edict du mois
de Feurier 1620. portant attribution d'heredité à plusieurs menus officiers desdites Aydes & Police. Declaration de sa Majesté du
29. Auril ensuiuant, contenant que sa Majesté veut lesdits Controolleurs & Commissaires estre entendus & compris audit Edict,
encores qu'ils n'y soient particulieremët exprimez, sans que les offices des pourueus qui
auront financé pour ladite heredité, ny de
leurs successeurs puissent estre reuendus. La
Commission expediee à aucuns des sieurs
Conseillers dudit Conseil, & de ladite Cour
des Aydes, pour establir & vendre lesdits offices en heredité, és lieux où il n'y en a encores esté establis. Plusieurs actes de Iustice du
serment fait en icelle par les Commissaires
nommez par le Procureur general de ladite

Cour des Aydes ou ſes Subſtituts, pour faire
leſdites viſites & inuentaires auec les Commis particuliers deſdits Fermiers : Enſemble
les certifications deſdits Fermiers, des paye-
mens faits des gages deſdits Commiſſionnai-
res, outre ceux de leurſdits Commis particuliers. Tout conſideré, LE ROY EN SON
CONSEIL, ayant eſgard auſdites remon-
ſtrances, a ordonné & ordonne, que par leſdits Commiſſaires generaux ſuiuant leſdits
Edicts, Declarations & Arreſts tant dudit
Conſeil que de ladite Cour des Aydes, ſera
procedé à la vente & adiudication en heredité deſdits offices de Clercs Commiſſaires
& Controolleurs deſdits Quatrieſmes, Hui-
ctieſmes, & Vingtieſmes du vin & autres bruuages, viures & marchandiſes ſujettes audit
droict d'Ayde, vendues en gros & en detail
és villes, bourgs & bourgades de ce Royaume, où il en reſte à eſtablir, pour iouïr deſdits
offices par leſdits adiudicataires, leurs heritiers ou ayans cauſe, conformément auſdits
Edicts, Declarations & Arreſts, meſmes des
gages attribuez par iceux de cent liures par
an, és lieux où les fermes ſe trouueront monter par cõmunes annees à la ſomme de douze cens liures & au deſſus, & de cinquante liures,

ures, où elles ne monteront que six cens liures & au dessus, iusques à ladite somme de
douze cens liures. Et seront lesdits gages &
droits accoustumez payez par les sous-fermiers desdites Aydes, sans diminutiõ du prix
de leurs fermes, selon qu'il est porté par lesdites declarations de l'an mil cinq cens quatre vingts quatre, & mil cinq cens quatre
vingts dix-huict, & tout ainsi que ceux de ladite ville de Paris, & autres lieux où il y en a
de pourueuz & establis, & que sont les menus droits des officiers des Eslections, encores que par leurs baux il n'en soit fait aucune
mention, attendu que lesdits gages tiennent
lieu de ceux qu'ils payent à leurs Commis-
sionnaires, & sans que les Fermiers particuliers desdites Aydes puissent d'oresnauant
employer en l'exercice desdites fermes autres personnes que lesdits Clercs Commissaires & Controolleurs, si ce n'est du consen-
temét desdits officiers, ny aussi qu'ils puissent
cy apres estre receuz à rembourser les adiudicataires desdits offices, sous quelque pretexte que ce soit, ny pour ce faire se preualoir de
l'article huictiesme du bail general desdites
Aydes, conformément ausdits Arrests du
Conseil & Cour des Aydes, des trentiesme

Iuin mil six cens quatorze, &

mil six cens dix-sept, auquel sa
Majesté entend que besoin est ou seroit pour
l'vtilité publique, a derogé pour ce regard,
sans tirer à consequence pour les autres arti-
cles & conditions dudit bail general, & sans
qu'à cause dudit establissement le fermier
general ou ses sous-fermiers pour les causes
& considerations susdites puissent pretendre
aucun rabais ou diminution du prix desdites
fermes contre sa Majesté ny autres. Faict au
Conseil du Roy tenu à Paris, le trentiesme
iour de Ianuier mil six cens vingt-vn.

Signé, MALIER.

Extraict des Registres du Conseil d'Estat.

SVR ce qui a esté remonstré au Roy en son
Conseil, Que sa Majesté par son Arrest
du 30. Ianuier dernier pour redimer ses su-
jets redeuables aux droicts de ses Aydes de la
vexation des fermiers, & autres consideratiõs
y contenues auroit ordonné que par les Cõ-
missaires generaux à ce deputez il seroit procedé à la vente & adiudication en heredité
des offices de Clercs Commissaires & Controolleurs des quatriesmes, huictiesmes, &

vingtiefmes du vin & autres bruuages, viures & marchādifes fujettes aufdits droicts d'Aydes vendues en gros ou en deftail és villes, bourgs & bourgades de ce Royaume, où il en refte à eftablir, pour iouïr defdits offices par les adiudicataires, leurs hoirs & ayans caufe, conformément aux Edicts, Declarations & Arrefts fur ce faits & interuenus, mefmes des gages attribuez par iceux de cét liures par an, és lieux où les fermes fe trouuent monter par communes annees à la fomme de douze cens liures & au deffus, & de cinquante liures, où elles ne monteront que fix cens liures & au deffus, iufques à douze cens liures, Il fe trouue de la difficulté en l'execution dudit Arreft, en ce que lon pourroit prefuppofer que fa Majefté n'auroit entendu que lefdits offices fuffent eftablis és villes, bourgs & bourgades où lefdites fermes des Aydes monteroient à moindre fomme que lefdits fix cens liures par an, d'autant que les gages defdits offices pour lefdits lieux ne font defignez par ledit Arreft, & par ce moyen fes fujets y refidans fe trouueroient fruftrez du benefice dudit eftabliffement. Sur quoy fa Majefté voulant faire fçauoir fon intention en interpretant ledit Arreft

du 30.Ianuier dernier, & pour faciliter ledit
establissement, A ordonné & ordonne que
par lesdits Commissaires generaux chacun
desdits offices de Clercs Commissaires &
Controolleurs des quatriesmes, huictiesmes
& vingtiesmes du vin & autres bruuages, viures & marchandises sujettes ausdits droicts
d'Aydes, sera establý sur quatre, cinq ou six
plus ou moins desdites bourgades és lieux
dont les fermes desdites Aydes ne montent
iusques à ladite somme de six cens liures par
an,& procedé à la vente & adiudication desdits offices,pour en iouïr par les adiudicataires, leurs hoirs & ayans cause aux gages de
cent liures, ou de cinquante liures par an,
chacun suiuant & à proportion de ce qui se
trouuera monter par communes annees le
total du prix desdites fermes & lieux sur lesquels ils seront establis, ainsi qu'il sera aduisé
par lesdits sieurs Commissaires, & en estre
payez, ensemble des autres droicts attribuez
ausdits offices selon qu'il est porté par les E-
dicts, Declarations & ledit Arrest du 30.Ian-
uier dernier. Faict au Côseil d'Estat du Roy
tenu à Fontainebleau le vingt-vniesme iour
d'Auril mil six cens vingt-vn.

Signé,   BARDEAV.

COMMISSION POVR LA
vente en heredité des Offices de Clercs, Commissaires & Controolleurs des Aydes.

L OVIS par la grace de Dieu Roy de France & de Nauarre, A nos amez & feaux Conseillers en nostre Conseil d'Estat, Les Commissaires generaux par nous deputez en nostre ville de Paris, pour la vente de nos Aydes, en vertu de nos Edicts des mois de Decembre mil six cens seize, & Auril mil six cens dix-neuf, Salut. Par Arrest de nostre Conseil du trentiesme Ianuier dernier, Nous aurions ordonné de receuoir tous les tiercemens & doublemens qui seront faicts sur les ventes & adiudications par vous cy deuant faictes desdites Aydes. Et par autre Arrest dudit Conseil dudit iour trentiesme Ianuier dernier, ordonné qu'il seroit procedé à la vente & adiudication en heredité des offices de Clercs, Commissaires & Controolleurs des Quatriesme, Huictiesme, Vingtiesme du Vin, & autres breuuages & marchandises sujectes au droict d'Aydes, où il en reste à establir, conformément aux Edicts & Declarations des mois de Decembre mil cinq cens quatre-vingts vn, Feurier mil cinq cens quatre-vingts trois, Mars mil cinq cens quatre-vingts quatre, & vingt-troisiéme Ianuier mil cinq cens quatre-vingts dix-huict. Et d'autant que l'establissement & vente desdits Offices, ne se peut commodément faire en plusieurs lieux, que procedant par vous à la vente par tiercement desdites Aydes. Il seroit à propos d'establir & vendre lesdits Offices. A ces causes & autres consi-

derations à ce nous mouuans, Nous vous auons
commis & deputez, commettons & deputons par
ces presentes, pour ensemblement ou trois de vous
en l'absence des autres, proceder à l'execution desdits Edicts, Declarations & Arrests du Conseil pour
l'establissement desdits offices de Clercs, Commissaires & Controolleurs desdites Aydes en heredité,
és Villes, Bourgs & Paroisses où il en reste à establir,
suiuant lesdits Edicts & Arrests dudit Conseil dudit
trentiesme Ianuier dernier, Le tout à ceux qui ferót
nostre condition meilleure par dessus le prix qui sera
par vous mis ausdits Offices, selon les baulx d'iceux,
& la valeur desdites Aydes des lieux où lesdits Offices doiuent estre establis, & les formes en tel cas re-
quises, par vous gardees & obseruees, pour en iouïr
par les Acquereurs, leurs hoirs, & ayans cause, pleinement & paisiblement par leurs mains, ou les bailler à ferme ainsi que bon leur semblera, à condition
de nous payer le prix desdits Offices és mains de
Maistre Honoré Barentin Tresorier de nos parties
Casuelles En execution de laquelle nostre presente
Commission, Nous voulons que vous preniez pour
Greffier M. Henry de la Ruelle, Secretaire de nostre
Chãbre, & par nous cómis au Greffe pour receuoir
les tiercemens & doublemens des Aydes, pour expe-
dier les affiches, Ordonnãces, contracts de vente &
reuéte, & tous autres actes qui seront par vous reso-
lus pour en tenir registre, auquel vous ferez telle taxe
que iugerez raisonnable : Comme aussi vous ferez
taxe aux Huissiers, Sergens & autres qui seront em-
ployez en execution de ladite Commission. Toutes
lesquelles taxes seront payees par le Tresorier de no-

ſtre Eſpargne, en vertu de vos Ordonnances, qui luy ſeruiront, auec les quittances des parties prenã-tes, de deſcharge valable. Et generalement ferez pour l'execution de la preſente Commiſſion, tout ce que verrez eſtre à faire par raiſon. De ce faire, vous auons donné & donnons plein pouuoir, auctorité, commiſſion & mandement ſpecial, Validant & au-ctoriſant toutes les Ordonnances, contracts, & au-tres actes qui ſeront par vous faicts & ordonnez, que nous voulons & entendons eſtre de tel effect, force & vertu que ſ'ils eſtoient faicts & donnez en noſtre Conſeil, & pour ce executez, nonobſtant oppoſi-tions ou appellations quelsconques, & ſans preiu-dice d'icelles, la cognoiſſance deſquelles nous auons interdite & defendue à toutes nos Cours & Iuges quelsconques, & icelle reſeruee à nous & à noſtre Conſeil, Promettant en foy & parole de Roy, auoir pour agreable & tenir ferme & ſtable à touſiours, tout ce qui ſera par vous ſur ce faict, geré & negocié, ſans ſouffrir qu'il y ſoit contreuenu en quelque ſorte & maniere que ce ſoit. Mandons à tous nos Iuſti-ciers & ſujects qu'à vous ce faiſant ils obeiſſent, pre-ſtent conſeil, ayde & priſons ſi beſoin eſt, & à tous Huiſſiers & Sergens, faire en vertu de vos Iugemens, Ordonnances & contraintes, toutes ſignifications, commandemens, contraintes & exploicts neceſſai-res, ſans pour ce demander aucun Congé, Viſa, ne Pareatis: nonobſtant comme deſſus, Ordonnances, clameur de Haro, chartre Normande, prinſe à par-tie & lettres à ce contraires. Et d'autant que de ces preſentes on pourra auoir affaire en pluſieurs & di-uers lieux, Nous voulons qu'au vidimus deuëment

collationné , par l'vn de nos amez & feaux Conseillers, Notaires & Secretaires, foy soit adioustee comme au present original : Car tel est nostre plaisir.
Donné à Paris le deuxiesme iour d'Auril l'an de grace , mil six cens vingt-vn. Et de nostre regne le vn-
ziesme. Signé, LOVIS. Et plus bas, Par le Roy,
De Lomenie. Et scellé.
Et à costé est escrit,

Leüe , publiee & registree au Greffe de ladite Com-
mission de l'ordonnance desdits sieurs Commissaires au
Chasteau du Louure , le cinqusesme Auril mil six cens
vingt-vn. Signé, DE LA RVELLE.

Collationné aux originaux par moy Conseiller,
Notaire Secretaire du Roy & de ses Finances,

www.ingramcontent.com/pod-product-compliance
Ingram Content Group UK Ltd.
Pitfield, Milton Keynes, MK11 3LW, UK
UKHW022109170726
13837UKWH00003B/1133